CIRCULAIRE

A LA

JEUNESSE ANGEVINE DES VILLES ET DES CAMPAGNES

QUE FAUT-IL FAIRE

EN FACE

DU PLEBISCITE

PAR

LOUIS DE ROMAIN.

Prix : 5 centimes

ANGERS

CHEZ TOUS LES LIBRAIRES.

1870

A LA

ESSE ANGEVINE DES VILLES ET DES CAMPAGNES.

Après ix-huit ans d'une existence que l'on ne peut appeler
e, une constitution née sur les débris de la République
de rendre le dernier soupir, étouffée par ceux-là même qui
l'avaient saluée naguère, comme ils avaient aussi salué le gouvernement qu'elle trahissait. Il n'a pas fallu plus de trois jours à
ces vieillards qui tiennent dans leurs mains les destinées de la
France, non-seulement pour envoyer dans la tombe cette consti-
tion vieille avant d'avoir vingt ans, mais pour en discuter une
nouvelle et la présenter au pays stupéfait comme un modèle de
perfection et une certitude de paix et de prospérité.

Avant d'aller donner notre approbation à cette subite transfor-
mation de l'empire autoritaire en empire soi-disant libéral, réflé-
chissons un instant et ne faisons pas acte de servilisme en courant
au scrutin les yeux fermés, ne sachant ni ce qu'on nous veut, ni
ce à quoi nous répondons. Il ne s'agit plus ici d'une élection, et
je vais m'efforcer en quelques pages de démontrer la différence
qui existe entre votre vote d'il y a six mois et celui qu'on exige
aujourd'hui.

Devant le travail acharné de ceux qui viennent nous demander
un *oui* dont ils ont besoin, je ne me sens pas la force de rester
inactif et crois fermement que nul ne doit regarder, les bras
croisés, cette pression immense que l'on se prépare à faire peser
sur le peuple. C'est à nous, qui étions encore au berceau lorsque
nos pères se ralliaient à la République, en 1848 ; à nous qui sa-
vions à peine lire, en 1852, lorsqu'on la terrassait après
l'avoir trahie ; à nous qui n'avons point accepté l'Empire, génération nouvelle pleine de vie, d'espérance et d'avenir ; oui, c'est à
nous de nous lever et d'aller affirmer hautement que nous ne di-
rons pas *oui* à un régime qui ne pourra jamais, quand même
il le voudrait, faire le bonheur de la France, en lui donnant ces
deux choses sans lesquelles il n'y a point de nations riches et
grandes, la paix et la liberté.

C'est donc à vous, mes contemporains, que je m'adresse en

prenant la plume, à vous devant lesquels s'ouvre la vie et qui devez commencer aujourd'hui à travailler au salut de cette France, notre bien-aimé pays, préparant le champ que dans vingt ans, peut-être, avec l'aide de nos enfants, nous verrons fécond et fertile. Travaillons et unissons-nous dans un même but, n'écoutant devant l'activité dévorante de nos adversaires que la voix de notre conscience. Croyez-moi, et surtout persuadez-vous bien que ce que je vous dis à cette heure, c'est dans votre seul intérêt, dans celui de mon pays. Ma récompense est assez grande, elle se trouve toute entière dans cette conviction que mon travail ne sera pas perdu, et que, dans la mesure de mes faibles forces, j'aurai contribué à la prospérité, à la tranquillité de ma patrie.

Nous vivons dans un siècle tout différent de ceux auxquels il succède, et c'est le grand tort de bien des gens de ne pas voir que ce qui avait sa raison d'être autrefois ne l'a plus aujourd'hui. Pourquoi se dresser devant le temps qui marche et ne fait grâce à personne ? Au lieu de travailler à l'édifice du présent, vaut-il donc mieux mourir en soutenant les dernières colonnes d'un passé qui s'écroule ? C'est ainsi que nous en arrivons à marcher de révolutions en révolutions, sans pouvoir nous arrêter, et cela parce qu'au but unique que nous devrions tous avoir, but qui s'imposera à nous par la force des choses après avoir brisé tous les obstacles, nous substituons un but faux et menteur qui tient tout du passé, qui n'a rien du présent et que l'avenir doit écraser tout à fait.

Monarchie et République, là est la vraie question, le problème de demain, et c'est là le procès dont la solution sera toujours entre nos mains.

Un souffle immense, puissant et nouveau, passe sur la France et l'Europe entière. Semblable à ce vent violent du désert qui, un matin, crée des montagnes de sable là où la veille était la plaine, et n'attend pas le coucher du soleil pour les emporter autre part, ce souffle ébranle depuis un siècle les monarchies du vieux monde. Leur vieille stabilité d'autrefois disparaît sous nos yeux et s'enfuit emportée de catastrophes en catastrophes. Cette mer profonde et calme, sur laquelle jadis voguait, tranquille et pavoisé, le vaisseau de la royauté, se soulève et s'agite; ses flots sourdement s'amoncellent comme à la veille d'une tempête; et, pilotes imprévoyants, aveuglés par leur orgueil et leur puissance, ceux qui gouvernent les peuples ne voient pas la tourmente qui les menace. Ils ne veulent pas comprendre que ce n'est plus à leurs bras affaiblis de diriger le navire au milieu des écueils, et sans songer à ceux dont ils tiennent les destinées entre les mains, soucieux seulement de leur propre grandeur, ils vont s'y briser victimes de leur vanité et de leur présomption.

Combien de fois, depuis un siècle à peine, n'avons-nous pas été témoins de ces naufrages, et combien d'années nous faudra-t-il encore voir passer sur nos têtes avant de comprendre ces grandes leçons, si près de nous et trop de fois oubliées !

Hélas ! qui pourrait le dire ? Qui pourrait fixer une date certaine au jour du triomphe ? Chaque heure qui passe nous rapproche de lui ; c'est à nous de travailler ensemble à déchirer les voiles qui nous cachent la véritable lumière, et à renverser les murs qui nous séparent du règne de la paix sainte et de la vraie liberté. Non ! ce n'est point une utopie, et cette espérance n'est pas un rêve. La réalité viendra vers nous, et alors, regardant en arrière, nous serons étonnés qu'elle n'ait pas marché plus vite.

C'est un devoir pour tout citoyen de mettre la main à l'œuvre ; et de notre jeune génération, de cette nouvelle phalange qui commence déjà à faire entendre le son de sa voix, doit sortir le salut de la France et la régénération de l'Europe entière. Nous lutterons ensemble, et ce ne sera ni pour un homme, ni pour un parti, mais pour un principe, pour nous-mêmes, pour vous, pour moi, pour la France. Voilà ce qui fera notre force et décidera notre victoire. N'oublions pas que le pays seul a droit à notre affection et à notre dévouement. Nous ne devons rien à personne, et toute notre énergie doit être au service de la France. Aucun lien ne nous rattache au passé : choisissons donc librement, et donnons notre concours à qui de droit.

Ah! je ne suis pas de ceux qui, ramassant d'injustes et inutiles injures, s'en vont les jeter à la tête d'une monarchie qui nous a donné des souverains libéraux et aimés comme Henri IV, honnêtes et méconnus comme Louis XVI. Elle s'éteint en exil et commande le respect dû à tous ceux qui supportent courageusement le malheur et l'infortune loin de leur pays. La plupart de ses défenseurs et de ses soutiens d'autrefois lui sont restés fidèles. Quand elle disparut, ils la suivirent au-delà des frontières; ils ont salué son retour, et le jour où elle a été emportée de nouveau, la majorité d'entre eux s'est abstenue et a refusé de soutenir ceux qu'elle regardait comme des usurpateurs. Je suis de ceux qui respectent ces hommes, mourant sans avoir jamais violé leurs croyances, accusateurs vivants de ces vieillards, leurs amis autrefois et maintenant esclaves payés de l'Empire. Je suis de ceux qui croient que cet ancien dévouement au souverain de deux ou trois cent mille hommes, deviendra celui de dix millions de Français à la France.

Sachez-le bien ! ce qu'on met aux voix, c'est la monarchie héréditaire. Et quelle monarchie ? Est-ce celle des Bourbons et des d'Orléans, la seule qui puisse revendiquer ses droits à l'hérédité? Non pas ! c'est celle de l'Empire et qui repose sur des principes radicalement opposés à ceux de l'ancienne. Quels sont ceux qui l'appuient et la défendent à cette heure ? Quelques anciens serviteurs des Bourbons, des créatures des d'Orléans, une bourgeoisie qui leur doit tout, des hommes qui ont acclamé la République de 48 et qui l'ont trahie, voilà ceux qui font des comités, et qui, oublieux de leurs serments, de leurs souverains d'autrefois, travaillent à faire revoter l'hérédité à perpétuité de l'Empire.

A ceux-là, mes amis, ne nous mêlons pas. Ils disent qu'ils ne servent que la France, et ne servent qu'eux-mêmes. Traîtres plusieurs fois, ils le seront demain et passeront vaillamment du côté de la victoire. Voilà pourtant, à de rares exceptions près, ceux qui prétendent vous imposer leur vote. Leurs noms sont là, leur vie politique les accompagne et les juge. Anciens légitimistes, anciens orléanistes, anciens républicains, ils sont devenus les serviteurs fidèles d'un souverain qui, devant un pareil spectacle, doit se sentir pris au fond de l'âme d'un immense mépris pour ceux qui l'entourent.

Ce n'est pas ainsi qu'on fonde de grandes choses, et tout ce qu'ils pourront obtenir, ce sera de faire des millions de dupes.

Unissons-nous donc sans fracas, sans forfanterie, nous, jeunes gens, qui pour la seconde ou troisième fois allons au vote ; paysans, ouvriers, propriétaires et marchands, unissons-nous pour

continuer le grand mouvement réactionnaire et libéral qui se fait
sentir depuis dix ans. Non-seulement ne nous laissons pas imposer un vote, mais encore efforçons-nous d'éclairer les populations rurales, qui, toutes disposées à donner la main à celles des
villes, ne demandent qu'à voir la lumière. C'est à nous de la leur
montrer.

Nous devons être solidaires les uns des autres, et c'est en mar-
chant ensemble vers un même but, que nous obtiendrons une
victoire qui sera pour tous le règne de la prospérité et de la richesse. Dans les grands centres industriels, dans les grandes
cités ouvrières, partout où pénètrent les journaux, où la parole
d'hommes politiques se fait entendre, quoiqu'à de rares inter-
valles, le jour paraît et la vérité se montre. Ce progrès effraie
ceux qui, largement payés de leurs services, vivent grassement
des largesses de l'Empire ou des places qu'ils lui doivent, et ils
essaient de faire croire à un antagonisme qui n'existera jamais
entre les habitants des villes et ceux des campagnes. Ils vou-
draient semer la discorde entre les premiers, qui ne les écoutent
plus, et ceux qu'ils dominent encore.

Mais ils oublient, et vous le savez bien, que chaque jour vos
frères, vos enfants, partent le sac au dos et l'espérance au cœur,
pour aller de ville en ville apprendre un peu par eux-mêmes ce
qu'est la vie du travailleur et ce que pense l'ouvrier des villes. Ils
oublient que l'agriculture et l'industrie sont sœurs, et que si la
première fournit, la seconde achète, transforme, et que de cette
union naît le commerce. Oui, le paysan et l'ouvrier sont solidaires, et voilà pourquoi l'impulsion donnée par les villes sera
suivie par les campagnes le jour où celles-ci comprendront qu'il
ne peut y avoir en même temps entre elles haine et prospérité,
mais bien que leur richesse dépendra de leur communauté
d'idées.

Vous tous qui labourez la terre à la sueur de vos fronts, qui
tirez de son sein la source des richesses, le pain qui nous fait
vivre, sachez bien que vous n'avez pas seulement des amis et
des frères, mais encore des *associés* dans ceux qui de ce lin, de
cette laine, produits bruts que vous leur livrez, font les étoffes et
vêtements qui nous couvrent ; dans ceux qui, douze heures par

jours, la pioche en main, arrachent aux entrailles de la terre le charbon sans lequel on ne fait rien ; dans ceux qui, nuit et jour, devant d'immenses fournaises, fondent et manipulent ce fer avec lequel on en viendra à niveler le monde ; dans ceux qui construisent ces machines puissantes qui transportent à l'étranger ce que nous avons de trop pour en rapporter ce qui nous manque ; enfin, dans tous ceux qui viennent prendre leur part de travail et contribuent ainsi de mille façons différentes au bien-être, à la richesse, au progrès de l'humanité toute entière. N'oubliez pas non plus ces autres associés fidèles, qui, la plume à la main, serviteurs de la pensée et travailleurs de l'intelligence, s'efforcent de faire briller à vos yeux la vérité en défendant vos intérêts et vos droits. Soyez certains que le jour où vous marcherez ensemble, sera le premier d'une ère nouvelle, ère de tranquillité pour le pays, de paix pour l'Europe, de liberté pour tous. Du droit au travail naîtra l'abondance, et d'une instruction qui fera de vous des citoyens, sortira une source intarissable de bien-être matéric et moral.

Ah ! laissez-moi vous le répéter, devant cet avenir prochain si plein d'espérances, c'est à nous, générations nouvelles, de nous unir et de soutenir ensemble, contre tout gouvernement personnel quel qu'il soit, une guerre pacifique, mais acharnée et impitoyable. Apportons notre jeune enthousiasme et des forces nouvelles à ceux qui depuis longtemps nous écartent les épines de la route et nous aplanissent le chemin. Nous sommes bien fait pour combattre avec eux, après eux, et nous entrons dans la vie militante sans arrière-pensée et sans haines. Nous n'avons pas eu le temps d'avoir d'ennemis. C'est tout au plus si nous avons des adversaires, car les vrais ennemis sont ceux qui après avoir soutenu la même cause, et combattu sous le même drapeau, s'en vont porter à leur vainqueur l'hommage de leur respect et l'assurance de leur fidélité. Qui donc oserait élever un doute sur l'honnêté et la pureté de nos convictions ! Nous sommes bien les enfants du présent, et c'est à nous qu'appartient l'avenir, car nous sommes la jeunesse.

Un moyen vient s'offrir d'affirmer notre foi politique, sans secousse, sans bruit, sans émeute : saisissons-le ; prouvons que

nous sommes des hommes libres, et montrons que nous ne su-
bissons ni l'influence des courtisans de l'Empire, ni la pression
des préfets, des maires et des gardes champêtres.

En allant mettre *Oui* dans l'urne, paysans, vous vous séparez
de vos frères des villes, qui, tout aussi bien que vous, veulent la
tranquillité et sont ennemis de toute perturbation publique; vous
méconnaissez vos propres intérêts en ne saisissant pas l'occasion
unique d'affirmer, que désormais la meilleure forme du gouvernement est la forme républicaine, car elle s'imposera à vous ou à
vos enfants tôt ou tard, et vous ne pourrez pas toujours, comme
aujourd'hui, lui faire faire un aussi grand pas sans troubler le
pays.

En votant *Oui*, vous approuvez une constitution qui ne vous
donne ni la liberté, ni la paix, et vous vous exposez à voir longtemps
encore les affaires arrêtées et comprimées par la crainte d'une
révolution qui sera toujours menaçante et suspendue sur vo
têtes.

En déposant ce simple bulletin *Non*, vous refusez d'accepter
un programme qu'on vous présente comme celui de la liberté, et
qui n'est que celui du despotisme; vous refusez d'imposer, à vous
et à vos enfants, un homme qui pourra à lui seul promulguer
les lois, faire des guerres désastreuses, vous enlever tous ceux
qui n'auront pas de quoi se racheter, et augmenter les impôts
comme bon lui semblera; enfin, en répondant *Non* à ce qu'on
vous propose, vous unissant aux populations urbaines, vous pré-
parez pacifiquement et sans révolution la seule forme de gouvernement qui donnera au pays la paix et la tranquilité.

PAYSANS !

On vous offre une constitution nouvelle, et c'est sur vous que
l'on compte pour l'imposer au pays. Savez-vous bien ce qu'elle
veut dire et ce que signifient les 45 articles dont elle se compose.
Ce *oui* qu'on vous demande, c'est votre signature, et si vous la
donnez, que demain advienne une guerre qui ruine le pays, qu'on

emmène hors des frontières deux cent mille soldats, cinq cent mille, un million même, qu'on prenne les hommes de trente à quarante ans lorsque les autres seront morts ou estropiés, qu'on les conduise à la bataille, au massacre, sans qu'ils sachent pourquoi, comme on l'a fait sous le premier empire ; et alors un jour viendra où devant votre champ inculte et votre foyer vide, devant les larmes de vos femmes et de vos mères·, vous vous lèverez le murmure aux lèvres et demanderez pourquoi l'on vous traite ainsi. Mais il sera trop tard, et l'on trouvera vos réclamations de nature à troubler la paix publique ; vous serez forcés de déplorer en silence ce *oui* terrible, par lequel vous aurez donné à un seul individu le droit épouvantable de faire tuer cent, deux cent mille Français, et peut-être un million d'Européens.

Lisez plutôt cette affiche blanche qui couvre les murs de vos bourgs et de vos villages, et méditez sur les fatales conséquences de votre adhésion. ·

Commencez par l'article 14.

« *L'Empereur est le chef de l'État, — il commande les forces de* » *terre et de mer, — déclare la* GUERRE, *fait les traités de paix,* » *d'alliance et de commerce, nomme à tous les emplois, fait les* » *règlements et décrets nécessaires pour l'exécution des lois.*

En un mot il fait tout. Tout ! Et ce Corps législatif dont on vous vante la puissance ! Et ce Sénat, exclusivement nommé par lui, qui par conséquent ne représente que lui et non le peuple; ce Sénat, il peut le convoquer ou le proroger comme bon lui semble. Créatures particulières du souverain auquel ils doivent leurs positions et leurs appointements de trente mille francs, les sénateurs n'ont jamais songé à s'occuper de vos intérêts. Quant au Corps législatif qui vous représente, voilà ce que l'Empereur en peut faire.

« *Article 35. — L'Empereur convoque, ajourne, proroge et* » *dissout le Corps législatif.* »

A l'heure qu'il est, cette constitution qu'on vous propose n'a même pas été discutée par vos députés. On a simplement jugé bon de proroger le Corps législatif : leur présence gênait, on les a priés de s'en aller pendant quelque temps. Il n'y a eu à protester encore que ceux qui n'étaient pas candidats officiels, c'est-à-dire les hommes libres et indépendants.

Vous ne vous doutez pas que ce petit article 35, à lui seul, est la négation la plus complète du gouvernement parlementaire : apprenez donc comment se passent les choses :

L'Empereur un beau matin s'éveille avec l'idée qu'une guerre est indispensable ; il rassemble ses ministres et leur dit : « Messieurs, après avoir mûrement réfléchi, j'ai pensé que l'in-
» térêt du pays exigeait une déclaration de guerre. L'argent
» manquant, vous allez proposer un nouvel impôt au Corps légis-
» latif. Telle est ma volonté. »

Devant ces paroles simples, mais explicites, il peut se présenter deux cas : ou bien les ministres approuvent, tout est dit : ou bien ils n'approuvent pas, et c'est ce qui a été prévu par l'article 19.

Article 19. — *L'Empereur nomme et révoque les ministres.*

Et alors qu'arrive-t-il ? Le lendemain paraît au *Journal officiel* la révocation de ceux d'entre eux assez insolents pour n'être pas de l'avis du maître, et assez honnêtes pour écouter le cri de leur conscience.

Ils sont vite remplacés, et nous passons au second acte de la comédie.

Nous retrouvons les ministres, mais sans l'Empereur. La discussion se passe entre eux et le Corps législatif. — Ils prennent la parole en ces termes :

Messieurs ,

La guerre est nécessaire, un nouvel impôt est indispensable pour la faire, l'Empereur la désire (toujours dans l'intérêt de la France, bien entendu).

Les députés réfléchissent, se consultent. L'un d'eux (il est de l'opposition) monte à la tribune et répond au ministère :

Le peuple ne veut pas de la guerre ;

Le peuple est déjà trop chargé d'impôts ;

Le peuple murmure.

Quelques députés courtisans crient : *Assez ;* c'est tout ce qu'ils savent dire. On vote ; une fois par hasard, la voix des vrais défenseurs du peuple l'emporte, la majorité refuse.

Vous croyez la France sauvée. Erreur !

Le lendemain paraît toujours au *Journal officiel* cette simple note.

Le Corps législatif est dissous.

L'Empereur a six mois pour en convoquer un autre, et aujourd'hui il n'en faut pas deux pour ensanglanter l'Europe. Supposez que les députés indignés refusent à leur tour de se séparer, l'armée est là pour faire respecter la constitution, et c'est à la pointe des baïonnettes qu'ils devront obéir, toujours dans l'intérêt de la France.

Voilà pourtant quelle est la forme d'un gouvernement qui se dit démocratique, et voilà à quoi se réduit la puissance de ceux que vous chargez de vous représenter. Plaise à Dieu que ce jour dont nous parlons n'arrive pas ! mais c'est une terrible crainte que celle-là, et elle sera toujours suspendue sur vos têtes.

Ouvrez donc les yeux, et voyez clair à travers ce dédale d'articles, dont pas un ne sauvegarde vos droits, et dont huit sont exclusivement employés à garantir le pouvoir personnel du chef de l'Etat et l'hérédité de sa race.

L'hérédité ! tout est là : c'est là ce qu'on veut vous faire approuver encore, et c'est là ce qui ne sera jamais accepté ni par les républicains les plus modérés, ni par les partisans d'une monarchie déchue et spoliée. L'hérédité d'un trône ! loi funeste et qui peut jeter les destinées d'un pays comme la France dans les mains d'un enfant ou dans celles d'une femme étrangère ; loi immorale, car le meilleur des pères peut avoir le plus détestable des fils, et l'homme le plus intelligent du monde peut donner le jour à un idiot ou à un crétin.

Mais regardez donc derrière vous, et vous verrez que la France n'a pas toujours été gouvernée par des souverains justes et bons. D'ailleurs, que nous importe le passé, mieux vaut reconnaitre, avec M. Thiers lui-même, que le temps est venu pour les gouvernements de se persuader que les nations veulent se gouverner elles-mêmes.

Nous pourrions, tenant à la main cette constitution, prendre tour à tour chacun de ses 45 articles, et vous montrer que pas un n'affirme votre puissance et les droits du peuple à la liberté :

vous venez de voir quelle est la puissance de l'Empereur sur les députés et les sénateurs. Des premiers, il dispose à son gré et leur enlève, dès qu'ils le gênent, le mandat que vous leur avez confié ; des seconds, il n'a rien à craindre, puisque c'est lui qui les nomme, et si par hasard l'idée leur venait de se révolter, le droit lui reste de les renvoyer chez eux pendant un temps illimité. D'où il résulte que les articles 10, 11, 12, se réduisent à ceci : « L'Empereur gouverne avec le concours des ministres, du Sénat et du Corps législatif ; mais quand il n'est pas content de ses ministres, il les change ; si son Sénat devient un obstacle à ses volontés, il le proroge, et si le Corps législatif vient à lui trop déplaire, il le dissout.

En revanche, non-seulement il a le droit de tout faire, mais rien ne peut se faire sans lui, même les lois :

« Article 17. — *Il sanctionne et promulgue les lois.* »

Et c'est ainsi pour tout le reste, ce qui n'empêche pas qu'on vous propose tout cela comme des réformes libérales, y compris l'article 22.

« Art. 22. — *Les senatus sur la dotation de la couronne et la* » *liste civile des 12 décembre 1852 et 23 avril 1856 demeurent en* » *vigueur.* »

Ce qui signifie que sur les revenus de l'État fournis par nous, l'on prélève chaque année 25 millions de francs pour payer le travail du maître, et le plaisir de posséder une impératrice, sans compter un petit revenu de 10 millions fourni par les biens de la couronne. Aussi depuis dix-huit ans, les dépenses personnelles d'un seul homme nous ont coûté la modeste somme de 630 millions, de quoi donner pendant vingt ans dans toute la France l'instruction gratuite aux enfants des campagnes.

Non ! ce ne sont pas des réformes libérales qu'on nous propose, et ce n'est pas la liberté que l'Empire veut fonder. Ce qu'il veut assurer, c'est l'avenir de sa race.

Il est grand temps d'ouvrir les yeux, afin de voir comment l'on nous trompe. Les ministres réunis viennent d'adresser une circulaire, dans laquelle ils recommandent aux fonctionnaires de voter et de faire voter *oui*. Sachez donc qu'elle n'est autre chose qu'un long mensonge, et si vous voulez avoir une preuve de la bonne foi des hommes qui nous gouvernent, lisez plutôt :

« L'Empereur adresse un appel à la nation..... Il ne remet pas
» l'Empire en discussion..... Il ne soumet au vote que sa trans-
» formation libérale..... Voter *oui*, c'est voter pour la liberté. »

On vous demande de ratifier le sénatus-consulte de 1870, c'est-
à-dire les quarante-cinq articles de la constitution partout affi-
chée sur vos murs, et l'on ose dire que l'Empire n'est pas remis
en discussion ! Premier mensonge. Et de quelles transformations
libérales vient-on nous parler ? Quelles sont les libertés qu'elle
nous octroie ? Est-ce la liberté complète de la presse et de la
pensée ? le droit de réunion et d'association ? est-ce le pouvoir de
nommer au moins nos maires ? — Nous aurions compris un appel
au peuple ainsi conçu :

« La presse est libre.

» La parole est libre. Le droit de réunion est libre.

» Toute manifestation religieuse, politique ou sociale, faite pacifiquement et sans armes, est libre.

» Les maires sont nommés par le peuple ou les conseils muni-
cipaux.

» Les députés sont nommés par le peuple, les sénateurs par les
députés.

» Les ministres sont nommés par le Corps législatif.

» La conscription est abolie. — Une nouvelle organisation de
l'armée est à l'étude. — Plus d'armée permanente. — Les gardes
nationales sont rétablies.

» Le peuple français approuve-t-il ces réformes ? »

Alors tous nous irions au scrutin déposer avec joie un *oui*, dans
l'urne, certains de travailler au bonheur de la France. Mais con-
tinuons de lire et passons à ce second manque de bonne foi et
d'honnêteté.

« Le parti révolutionnaire qualifie d'attentat contre la souve-
» raineté nationale l'hommage que l'Empereur rend à la souve-
» raineté nationale en consultant le peuple, et il conseille de
» voter *non*. »

Qui a dit cela ? Nous conseillons de voter *non*, parce que nous
trouvons que vos prétendues réformes n'existent pas, et que c'est
contre notre propre liberté qu'on veut nous faire voter.

Nous conseillons de voter *non*, parce que nous croyons agir
dans l'intérêt de la France, à laquelle il faut enfin un gouverne-

ment découlant uniquement des principes modernes et ne relevant que d'elle-même ; nous conseillons de voter *non*, parce que c'est le moyen d'arriver le plus promptement possible à la tranquillité et à la stabilité. Vous avez le droit de ne pas être de cet avis, mais non celui de transformer notre pensée et de tromper le peuple en nous prêtant des paroles que nous n'avons jamais prononcées et des principes qui n'ont jamais été les nôtres.

Vous n'avez même pas la force de soutenir jusqu'au bout votre première affirmation. « L'Empire n'est pas remis en discussion,» et vous terminez vos *conseils* aux fonctionnaires par ces mots qui vous contredisent vous-mêmes.

« Il s'agit, dites-vous, d'assurer à notre pays un tranquille avenir, afin que sur le trône, comme dans la plus humble demeure, le fils succède en paix à son père. »

Voilà ce qu'il ne fallait pas cacher d'abord, et le fond de votre pensée percera toujours les nuages dont vous prétendez l'entourer. Ah ! voilà bien votre France à vous autres, la voilà comparée à une closerie, à une ferme, à une manufacture, la voilà devenue propriété foncière d'un seul homme, qui ne la possède que parce qu'on l'a prise à ses premiers propriétaires.

« Que le fils succède en paix au père : » et c'est vous, ministres d'un gouvernement démocratique, qui signez de telles choses. Qui êtes-vous donc ? Et toi, peuple insouciant et naïf, sais-tu que l'homme qui affirme de telles choses, le ministre chef, Emile Ollivier, est celui qui, il n'y a pas deux ans, écrivait :

« La République est la seule forme de gouvernement digne et » grande, c'est la seule qui doit être sûre de l'avenir. »

Non contents de mutiler nos pensées, ils déchirent eux-mêmes leurs croyances d'autrefois, le jour où leur vanité et leur orgueil y trouvent un profit quelconque ; non contents de fouler aux pieds leur ancienne indépendance, ils veulent entraîner leurs amis désolés, la jeunesse qui ne les connaît pas, et donner à leur chute morale un semblant d'amour pour la liberté.

Ah ! nous ne vous suivrons pas sur cette pente rapide, qui conduirait notre pays au servilisme et à la ruine ; nous resterons debout, libres, sans décorations, sans honneurs, sans traitements, fidèles à nos croyances énergiques et jeunes ; nous serons toujours là vos juges et vos accusateurs, pour montrer au pays que vous voulez tromper, quels mensonges recèlent vos promesses et quelle tyrannie est votre liberté.

Il y a des jours où tout citoyen doit se lever et défendre énergiquement ses droits contre ceux qui les violent. Un de ces jours est venu : l'on vous trompe ! à vous maintenant de détruire les espérances de ceux qui veulent se faire un piédestal de notre bonne foi et de votre ignorance. Ne vous laissez point effrayer par de vaines menaces et croyez ceux qui combattent pour vous.

Qui sont-ils ceux qui vous disent de voter *oui*? Depuis le premier ministre jusqu'au dernier des fonctionnaires, combien y en a-t-il d'indépendants ? Qu'êtes-vous pour eux auprès de celui qui les paie ? Comparez-les donc à ceux qui défendent vos droits. Sont-ils ministres ceux-là ? Ont-ils des places ? Marchent-ils la poitrine couverte de décorations ? Sont-ils préfets, sous-préfets, receveurs genéraux ? Ont-ils de l'argent et des services à espérer du Gouvernement ? N'emploient-ils pas plutôt le leur à soutenir vos propres intérêts, que trop souvent vous semblez méconnaître. Ce sont eux qu'il faut écouter et non les autres, qui le lendemain de leur victoire riront de votre naïveté.

Maintenant, ils vous effraient, vous disent que la révolution est à vos portes, que nous sommes des *socialistes* et des *partageux*. Croyez-vous donc que nous ne tenions pas autant que vous à conserver ce que nous possédons! Savez-vous seulement ce que c'est que d'être socialistes ; car ceux qui font sonner bien haut ces mots à vos oreilles ne le font que parce qu'ils pensent bien que vous ne les comprenez pas.

Sachez donc que le socialisme ne veut point enlever au travailleur le fruit de ses peines ; ce qu'il demande, c'est de donner à tous également, par le crédit et l'instruction, les moyens d'arriver, en travaillant, à l'aisance, au bien-être, à la fortune. Il ne veut pas diviser les hommes, mais les unir et les rendre solidaires ; il n'a jamais fait la guerre à la propriété ni au capital, mais il désire empêcher l'exploitation injuste de ceux qui ne possèdent rien par ceux qui possèdent quelque chose. Voici comment en deux lignes s'explique ce mot dont on veut vous effrayer : « Faculté » donnée au travailleur de gagner sa vie et d'arriver à l'aisance,

» respect de la propriété de ce même travailleur devenu
» riche. »

La pauvreté et la misère sont deux plaies qu'il faut combattre.
Dirons-nous que ceux qui cherchent la solution de ce grand problème ne se trompent jamais. Non : mais ce qui est mal, n'est pas
tant de se tromper que d'exploiter les erreurs d'hommes qui ne
sont pas infaillibles, et de s'en servir pour épouvanter ceux-là
même au profit desquels ils travaillent.

Eh bien ! ceux qui vous font peur avec ces mots *révolution*,
socialisme, ne font pas autre chose. Tout cela est fausseté, et si
vous n'y prenez garde, vous deviendrez dupes de ceux qui veulent
tout pour eux, rien pour vous. Soyez des hommes et non des
enfants. Persuadez-vous bien d'une chose, c'est que : « les
Gouvernements personnels, despotiques ou parlementaires, sont
finis ou près de finir. Le salut de la France, la prospérité de
l'Europe entière sont fatalement liés à leur chute, et tant que chez
nous leur dernière heure n'aura pas sonné, la révolution sera à
nos portes. »

A nous, jeunes gens, de travailler à la grande régénération
politique et sociale, à nous d'être toujours debout revendiquant
nos droits.

Pas de haines, pas de divisions, pas de fausse honte. Exposons
au grand jour le programme honnête et beau pour lequel nous
combattons, attirons à nous par la liberté et la vérité, non par la
pression et la crainte, laissons de côté les injures et la calomnie,
armes bonnes pour nos adversaires, soyons les défenseurs con-
vaincus de la plus noble des causes, et demandons la liberté pleine
et entière pour nos amis comme pour ceux qui ne le sont pas.

Habitants des villes et des campagnes, unissez-vous dans un
même esprit de fraternité, ne vous laissez pas dominer par une
crainte indigne de vous, et, nous vous en conjurons dans votre
intérêt et dans celui de la France entière, n'allez pas déposer
dans l'urne un *oui* qui sera fatal. Abstenez-vous ou jetez un bulletin blanc : toutes les protestations sont bonnes, mais la meilleure
c'est de dire franchement : *Non*.

Vous n'avez pas le droit d'engager la parole de vos enfants, en
leur imposant des souverains dont ils ne voudront pas. Vous pré-

parez ainsi des révolutions prochaines, car ils viendront vous donner un démenti. Saisissez donc avec joie l'occasion de protester contre un régime qui nous a valu *huit milliards* de dette, un budget de *deux milliards deux cent millions*, et la guerre désastreuse du Mexique ; enfin soyez certains que chaque **NON** que vous jetez dans l'urne, c'est un pas vers vous que vous faites faire à la liberté.

Angers, imp. E. Barassé. — 106-70.

www.ingramcontent.com/pod-product-compliance
Lightning Source LLC
Chambersburg PA
CBHW061156050726
47594CB00008B/3433